LAO TSEU

CITATIONS ET MAXIMES A MEDITER POUR LA VIE DE TOUS LES JOURS

Copyright © 2022 Lao Tseu (domaine public)
Édition : BoD – Books on Demand, 12/14 Rond-point des Champs-Élysées, 75008 Paris.
Impression : BoD - Books on Demand, Norderstedt, Allemagne
ISBN : 9782322407514
Dépôt légal : avril 2022

2015

INTRODUCTION

Lao Tseu ou Laozi ou Lao Zi, plus communément appelé en Chine Tàishàng laojun, « Seigneur suprême Lao »), de son vrai nom Li Er, aurait été un sage chinois et, selon la tradition, un contemporain de Confucius (milieu du VIe siècle av. J.-C. – milieu du Ve siècle av. J.-C., fin de la période des Printemps et Automnes). Il est considéré a posteriori comme le père fondateur du taoïsme. Il serait né dans le pays de Chu du royaume des Zhou et serait parti pour une retraite spirituelle vers l'ouest de la Chine actuelle avec une destination inconnue. Les informations historiques le concernant sont rares et incertaines et sa biographie se développe à partir de la dynastie Han, essentiellement à partir d'éléments surnaturels et religieux ; quelques chercheurs sceptiques estiment depuis la fin du XXe siècle qu'il s'agit d'un personnage fictif ou composite, et non proprement historique.

Le Tao To King (Livre de la Voie et de la Vertu) que la tradition lui attribue est un texte majeur du taoïsme, considéré comme important par d'autres courants également. Lao Tseu est considéré par les taoïstes comme un dieu (Tàishàng laojun, « Seigneur suprême Lao ») et comme leur ancêtre commun.

Il est représenté comme un vieillard à la barbe blanche, parfois monté sur un buffle.

L'image la plus courante de Lao Tseu en fait un personnage extraordinaire. Conçu miraculeusement par le passage d'une comète ou l'ingestion par sa mère d'une prune (li, nom de famille qui lui est généralement attribué) magique, il naît avec des cheveux blancs et une barbe, d'où son surnom d'ancien (lao), et des oreilles aux lobes très longs, signe de sagesse. Archiviste à la cour des Zhou et contemporain de Confucius qui le reconnaît comme un maître et un être extraordinaire, il finit par quitter le pays âgé d'au moins 160 ans, lassé des dissensions politiques. Il part vers l'ouest monté sur un buffle ; arrivé à la passe qui marque la frontière, il rédige le Livre de la Voie et de la Vertu à la demande du gardien Yin Xi puis continue son voyage. Personne ne sait alors ce qu'il devient, mais certains pensent qu'il ne meurt pas ou qu'il se réincarne, reparaissant sous différentes formes pour transmettre le Dao.

Lao Tseu dans le taoïsme religieux

Parallèlement au Lao Tseu historique proposé par les historiens Han, un Lao Tseu religieux apparait dans d'autres sources, comme le Liexianzhuan qui le compte au nombre des immortels. Depuis la fin des Royaumes combattants, il est avec le souverain mythique Huangdi l'un des personnages centraux du courant huanglao, important jusqu'au début des Han. À l'origine philosophique et politique, ce courant aurait pris un tour plus religieux quand il fut évincé par le confucianisme. On trouve des témoignages de la divinisation de Lao Tseu dès le règne de l'empereur Huandi (r. 146-168), qui lui rend un culte. En 153, Wang Fu, préfet de la région de Changsha, fait dresser une stèle dédiée à Lao Tseu sur laquelle celui-ci est identifié au Dao originel ; vers la même époque, le lettré Bian Shao déclare que Lao Tseu est un immortel, maître des sages de différentes époques à travers ses métamorphoses. Dans le Bianhua wuji jing des Han orientaux, Lao Tseu, identifié au Dao, se donne naissance à lui-même et prédit son retour sous une de ses métamorphoses dans une perspective millénariste.

Il est l'un des quatre grands dieux de la secte des Cinq boisseaux qui émerge à la fin du IIe siècle et exige de ses adeptes la récitation régulière du Dao De Jing. Le courant des Maîtres célestes issu des Cinq boisseaux contribuera fortement à répandre l'image divine de Lao Tseu et à enrichir sa légende.

Sous les noms de Vénérable céleste du Dao et de la Vertu ou Pur du faîte suprême, il est devenu l'un des Trois Purs, divinités principales des grandes écoles taoïstes modernes. Il porte à ce moment-là plusieurs épithètes, la plus connue étant (Taishang Laojun) Vieux Seigneur de la Hauteur Suprême ; ce serait lui qui aurait, dit-on remis un enfant à la reine de (Miaole), appelé à devenir le futur

Empereur de Jade. On l'appelle aussi : (Shenbao Tianzun) Vénéré Céleste du Trésor Divin, ou (Daode Tianzun) Vénéré Céleste de la Voie et de la Vertu, ou (Hunyuan laojun) Vieux Seigneur du Chaos Originel, ou bien encore, (Jiangsheng dadi) Grand Dieu (Empereur) Dispensateur de Vie et (Taiqing dadi) Grand Dieu (Empereur) de la Pureté Suprême. Le Ciel de Pureté Suprême est le nom supposé du Troisième Ciel où régnerait ce personnage sur la troisième catégorie d'immortels, les Immortels Célestes21.

Sous cette forme divinisée qui forme la Triade Suprême du Panthéon Taoïste, Lao Tseu est représenté en monarque assis sur un trône, tenant dans ses mains l'éventail magique décrivant l'île de Penglai (séjour d'Immortels) ; il est alors la

Troisième Section du (Dongshen) Canon Taoïste, l'Esprit, l'Élément Chimique Inférieur de l'Élixir d'Immortalité et l'Essence Vitale de l'Univers.

Encore appelé Suprême seigneur Lao ou Empereur de l'origine mystérieuse, il apparaît sous des formes diverses au fil des siècles pour guider les fidèles. Dans les temples, son effigie est à la droite du trio des Trois Purs ; il a la barbe et les cheveux blancs et tient en main un éventail.

Dans L'Explication ésotérique des trois cieux (Santian neijiejing) (~420), un texte des Maîtres célestes, Lao Tseu connaît une triple naissance : en tant que divinité, en tant que Lao Tseu historique, puis en tant que Bouddha. En effet, le taoïsme religieux, confronté au IIIe siècle au développement du bouddhisme en Chine, a tenté un rapprochement audacieux entre ce personnage parti en pays barbare et le Bouddha qui serait son incarnation ou parfois son élève. Wang Fu, membre des Maîtres célestes, expose à la même période cette opinion dans La conversion des Barbares par Lao Tseu (Laozihuanhu), ouvrage qui sera régulièrement repris et enrichi jusqu'au XIVe siècle où les prétentions de voir Lao Tseu dans le Bouddha seront définitivement rejetées.

Les empereurs de la dynastie Tang (618-907), dont le nom de clan était Li, acceptèrent volontiers de se considérer comme ses descendants lorsqu'ils firent du taoïsme leur religion officielle et de l'honorer comme Shengzu « Saint ancêtre ». L'empereur Gaozong (r. 649-683) lui accorda le titre de « Suprême empereur céleste du mystère originel ».

Le Lao Tseu divin a un aspect hors du commun. Ge Hong le décrit ainsi : peau jaune clair, oreilles longues, grands yeux, dents écartées, bouche carrée aux lèvres épaisses, quinze rides sur un front large qui porte aux coins la forme de la lune et du soleil. Il a deux arêtes de nez et trois orifices à chaque oreille, et les dix lignes des êtres d'élite marquent ses paumes.

Les circonstances de sa naissance sont également extraordinaires : sa mère, qui l'aurait conçu en apercevant une comète ou un dragon volant alors qu'elle était assise sous un prunier – d'où son nom de famille Li - l'aurait porté pendant huit ou quatre-vingt-un ans. Lorsqu'il naquit avec les cheveux blancs – origine pour certains du nom Lao (vieux) - une comète apparut dans le ciel et neuf dragons sortirent de terre pour le baigner. C'est ce dernier détail, joint au fait que selon Bian Shao, son lieu de naissance se situait au confluent des rivières Guo et Gu et sur la rive yang de la Guo, qui a encouragé la ville de Guoyang à postuler la place de lieu de naissance du sage. Il y existe en effet un site appelé « Puits des neuf dragons » qui daterait des Printemps et des Automnes.

Posez-vous calmement, et restez à l'écoute de vous-même, en lisant ces citations de Bouddha, pleines de sagesse et de bon sens.

125 CITATIONS DE LAO TSEU

Celui qui est le maître de lui-même est plus grand que celui qui est le maître du monde.

Tout ce que nous sommes résulte de nos pensées.

Avec nos pensées, nous bâtissons notre monde.

Si quelqu'un t'a offensé, ne cherche pas à te venger. Assieds-toi au bord de la rivière et bientôt tu verras passer son cadavre.

Ceux qui savent ne parlent pas, ceux qui parlent ne savent pas. Le sage enseigne par ses actes, non par ses paroles.

Savoir se contenter de ce que l'on a : c'est être riche.

Les mots de vérité manquent souvent d'élégance. Les paroles élégantes sont rarement vérités.

C'est ce qui manque qui donne la raison d'être.

La rigidité et la dureté sont les compagnons de la mort. La douceur et la délicatesse sont les compagnons de la vie.

La bonté en parole amène la confiance.

La vie est un départ et la mort un retour.

Un mot prononcé avec bienveillance engendre la confiance. Une pensée exprimée avec bienveillance engendre la profondeur. Un bienfait accordé avec bienveillance engendre l'amour.

L'échec est le fondement de la réussite.

La plus grande révélation est le silence.

La vie est une succession de changements naturels. Ne résistez pas car cela ne générera que des soucis. Laissez la réalité être la réalité. Laissez faire naturellement les choses.

Il n'y a point de chemin vers le bonheur. Le bonheur, c'est le chemin.

Le bonheur naît du malheur, le malheur est caché au sein du bonheur.

Etre humain c'est aimer les hommes. Etre sage c'est les connaître.

Celui qui a inventé le bateau a aussi inventé le naufrage.

Un vrai chef ne paraît pas martial. Qui sait se battre ne s'emporte pas. Qui saura vaincre évitera d'affronter. Qui saura manier les hommes s'abaissera...

Il est plus intelligent d'allumer une toute petite lampe que de se plaindre de l'obscurité.

Les vraies paroles ne séduisent jamais. Les belles paroles ne sont pas vérité. Les bonnes paroles n'argumentent pas. Les arguments ne sont que discours. Celui qui sait n'a pas un grand savoir. Un grand savoir ne connaît rien.

Le sage ne rencontre pas de difficultés. Car il vit dans la conscience des difficultés. Et donc n'en souffre pas.

Prendre conscience, c'est transformer le voile qui recouvre la lumière en miroir.

La seule façon d'accomplir est d'être.

Sois avare de tes paroles, et les choses s'arrangeront d'elles-mêmes.

Quand le peuple ne craint plus le pouvoir, c'est qu'il espère déjà un autre pouvoir.

Ceux qui ne demandent rien ont tout.

Le but n'est pas le but, c'est la voie.

Celui qui sait qu'assez c'est assez, en aura toujours suffisamment.

Ne sois pas trop gourmand dans ta quête du bonheur et qu'il ne t'effraie pas.

Qui triomphe de lui-même possède la force.

Un voyage de mille lieues commence toujours par un premier pas.

L'expérience n'est une lumière qui n'éclaire que soi-même.

Celui qui connaît les autres est savant. Celui qui se connaît lui-même est sage. Celui qui vainc les autres a de la force. Celui qui se vainc lui-même est fort. Celui qui s'impose a de la volonté. Celui qui se suffit est riche. Celui qui ne perd pas sa place a de la constance. Celui qui ne disparaît pas même à sa mort, celui-là est Immortel.

L'homme qui ne tente rien ne se trompe qu'une fois.

Un voyage de mille lieues commence par un pas.

Celui qui dirige les autres est peut-être puissant, mais celui qui s'est maîtrisé lui-même a encore plus de pouvoir.

Celui qui en sait beaucoup sur les autres est peut-être instruit, mais celui qui se comprend lui-même est plus intelligent.

Tu es le maître des paroles que tu n'as pas prononcées ; tu es l'esclave de celles que tu laisses échapper.

La perception de l'infiniment petit est le secret de la clairvoyance, la protection de l'infiniment fragile et tendre est le secret de la force.

Je traite avec bonté ceux qui ont la bonté ; je traite avec bonté ceux qui sont sans bonté, Et ainsi gagne la bonté.

La bonté en parole amène la confiance, La bonté en pensée amène la profondeur, La bonté en donnant amène l'amour.

Quand le ciel veut sauver un homme, il lui donne l'affection pour le protéger.

Quand les gros sont maigres, il y a longtemps que les maigres sont morts.

Il n'est rien qui ne s'arrange par la pratique du non-agir.

Le sage équarrit sans blesser, Incline sans porter atteinte, Rectifie sans faire violence et resplendit sans aveugler.

Le ciel dure, la terre persiste. Qu'Est-ce donc qui les fait persister et durer ? Ils ne vivent point pour eux-mêmes. Voilà ce qui les fait durer et persister.

Celui qui sait se contenter sera toujours content.

Savoir et se dire que l'on ne sait pas est bien.

Se voir soi-même c'est être clairvoyant.

L'homme maître de soi n'aura point d'autre maître.

Trop loin à l'est, c'est l'ouest.

Mieux vaut allumer une bougie que maudire les ténèbres.

Créer, non posséder ; œuvrer, non retenir ; accroître, non dominer.

Plus on voyage loin, moins on se connaît.

Le grand homme est celui qui n'a jamais perdu la vision de ses petitesses.

Le voyageur demande le beau temps, le paysan demande la pluie, et les dieux hésitent.

Le sage gouverne par le non-faire. Il enseigne par le non-dire. Il accomplit sa tâche sans s'en prévaloir. Il achève son œuvre sans s'y attacher. Et comme il ne s'attache pas, il se maintient.

L'expérience est une lanterne qui n'éclaire que le chemin parcouru.

Quelle belle conception les anciens avaient de la mort : repos des bons, terreur des méchants ! La mort, c'est l'épreuve de la vertu.

Trente rayons convergent au moyeu, mais c'est le vide médian qui fait marcher le char.

L'être qu'on peut nommer n'est pas l'être suprême.

Le sage vit dans la conscience des difficultés et n'en souffre pas.

Un grand Etat s'agenouille devant un petit Etat. Passif, il le vainc. Un petit Etat s'agenouille devant un grand État. Passif, il est vaincu.

Le sage ne veut pas être estimé comme le jade, ni méprisé comme la pierre.

Le poète sait jouer sur une harpe sans cordes et il sait ensuite répondre à ceux qui prétendent n'avoir pas entendu la musique.

Etre courageux sans compassion mène à la mort.

Renoncez à l'étude et vous n'aurez aucun souci.

Une terrasse de neuf étages commence par un tas de terre.

Imposer sa volonté aux autres, c'est force. Se l'imposer à soi-même, c'est force supérieure.

Quand le débutant est conscient de ses besoins, il finit par être plus intelligent que le sage distrait.

Sans franchir la porte, on peut connaître le monde.

Paie le mal avec la justice, et la bonté avec la bonté.

Le plus grand conquérant est celui qui sait vaincre sans bataille.

La meilleure façon de combattre le mal est un progrès résolu dans le bien.

Les ronces et les épines poussent sur la trace des armées.

Inutile d'enseigner aux singes à grimper aux arbres.

Le bonheur repose sur le malheur, le malheur couve sous le bonheur. Qui connaît leur apogée respective ?

Qui domine les autres est fort. Qui se domine est puissant.

Choisis en politique le bon ordre. Choisis en affaire l'efficacité. Choisis pour agir l'opportunité. Ne rivalise point : tu seras sans reproche.

Choisis un bon terrain pour ta demeure. Choisis-le profond pour ton coeur. Choisis envers autrui la bienveillance. Choisis en paroles la vérité.

Qui parle peu est lui-même et naturel.

Le sage, sans agir, œuvre.

De l'argile, nous faisons un pot, mais c'est le vide à 'intérieur qui retient ce que nous voulons.

Demeure aussi prudent au terme qu'au début ; ainsi tu éviteras l'échec.

Dans les combats, il n'est pas de vainqueur, et la victoire devrait être célébrée en des rites funèbres.

Le vrai voyageur n'a pas de plan établi et n'a pas l'intention d'arriver.

L'homme suit les voies de la Terre, la Terre suit les voies du Ciel, le ciel suit les voies de la Voie, et la Voie suit ses propres voies.

La règle du sage, pour gouverner, est d'ouvrir les cœurs et d'emplir les ventres

Si vous croyez savoir, vous ne savez pas.

Celui qui sait se satisfaire aura toujours le nécessaire.

Etre conscient de la difficulté permet de l'éviter.

Si deux influx ne se nuisent pas Leurs forces s'unissent.

Le ciel arme de pitié ceux qu'il ne veut pas voir détruits.

Qui vit la mort jouit d'une longue vie.

Cultive en toi ce qui te le permet.

Gouverner un grand pays revient à cuire un petit poisson.

L'être crée des phénomènes que seul le vide permet d'utiliser.

Ne pas connaître l'éveil conduit à la confusion.

Tout le monde tient le beau pour le beau, C'est en cela que réside la laideur. Tout le monde tient le bien pour le bien, C'est en cela que réside le mal.

Les formes et les choses se manifestent à celui qui n'est pas attaché à son être propre. Dans ses mouvements, il est comme l'eau ; dans son repos il est comme un miroir, et dans ses réponses, il est comme l'écho.

Le silence permet de trouver son destin.

Arrêtez le mal avant qu'il n'existe ; calmez le désordre avant qu'il n'éclate.

Le filet du ciel est immense et ses mailles sont écartées, mais il n'y a pas un méchant qui puisse l'éviter.

Celui qui parle beaucoup est souvent réduit au silence.

L'homme content de son sort ne connaît pas la ruine.

C'est la conscience humaine du Beau qui différencie le Beau du Laid.

Les paroles sincères ne sont pas élégantes ; les paroles élégantes ne sont pas sincères.

Les hommes sont différents dans la vie, semblables dans la mort.

Celui qui excelle ne discute pas, il maîtrise sa science et se tait.

Gouverne le mieux qui gouverne le moins.

Celui qui se conduit vraiment en chef ne prend pas part à l'action.

Le sage sans jamais faire de grandes actions, accomplit de grandes choses.

Connaître les autres, c'est sagesse. Se connaître soi-même, c'est sagesse supérieure.

Plus le sage donne aux autres, plus il possède.

Le sage peut découvrir le monde sans franchir sa porte. Il voit sans regarder, accomplit sans agir.

La vertu, immuable, ne quitte pas l'homme avec la mort, elle retourne au nourrisson.

Plus on va loin, moins on apprend.

Dureté et rigidité sont compagnons de la mort. Fragilité et souplesse sont compagnons de la vie.

Le plus grand arbre est né d'une graine menue.

Parole parée n'est pas sincère.

Rendre le bien pour le bien et le bien pour le mal, c'est la bonté efficace.

Celui qui excelle à employer les hommes se met au-dessous d'eux.

Le sage venge ses injures par des bienfaits.

On pétrit l'argile pour en faire un vase. Mais sans le vide interne, quel usage en ferait-on ?

Seul le rien d'insère dans le sans-faille.